Partybuch

Oetinger

Herzlichen Dank an die fröhlichen und feierfreudigen Ritter
und Burgfräulein Fanny Bracht, Luca Leon Burneleit, Eveline Elzie,
Jonathan Elzie, Ben Goedeke, Holly Holz, Ramon Isbarn,
Tim Isbarn, Lasse Korn, Jasmin Krohn, Oskar Martens,
Hannah Mayer, Mats Petersen, Hannah Potthast, Benedikt Rake,
Kalle Schmitz und Rio Voges, die ihre Sache ganz großartig
gemacht haben.

Originalausgabe · 1. Auflage 2012 · © Verlag Friedrich Oetinger GmbH, Hamburg 2012
Alle Rechte vorbehalten · © Text: Alexandra Rodeck · © Fotos: Peter Hundert
© Ritter Trenk-Illustrationen: blue eyes Fiction/Wunderwerk · Covergestaltung: unimak, Hamburg
Innengestaltung: Satz • Zeichen • Buch, Hamburg · Foodstyling: Claudia Seifert
Druck und Bindung: Grafisches Centrum Cuno, Calbe

Dieses Buch wurde auf FSC®-zertifiziertem Papier gedruckt. FSC (Forest Stewardship Council®)
ist eine nicht staatliche, gemeinnützige Organisation, die sich für eine ökologische und sozial ver-
antwortliche Nutzung unserer Wälder einsetzt.

Printed 2012 · 978-3-7891-8539-7 · www.oetinger.de

PARTYBUCH

Tolle Tipps für ritterliche Kinderfeste und Turniere

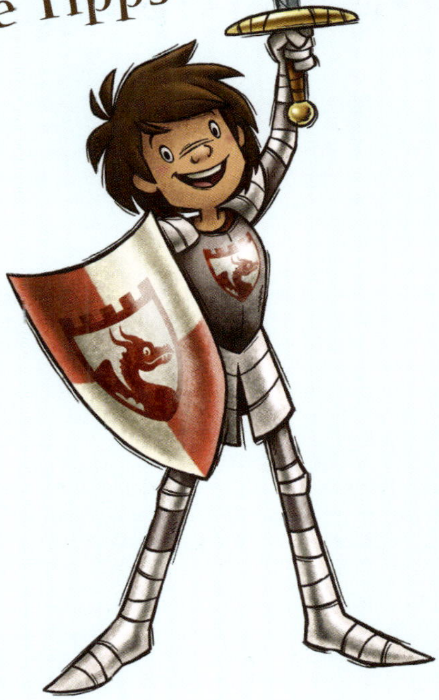

Verlag Friedrich Oetinger · Hamburg

REZEPTE

SPIELE....

10 Stockbrot
11 Arme Ritter
12 Theklas Pustekuchen
14 Wappen-Happen mit Fruchtlanze
15 Knappen-Met
16 Süße Ritterburg
18 Drachenblutbowle
19 Bratäpfel
20 Schweineöhrchen
22 Saftige Keulen vom Hofhuhn
23 Kanonenkugeln
24 Theklas Erbsentorte

28 Ritterturnier
30 Tauziehen
31 Drachenjagd
32 Sackhüpfen
33 Ringestechen
34 Wettessen
35 Schwertkampf
36 Drachenfütterung
37 Ritterbanner klauen
38 Eroberung der Ritterburg

BASTELN

42 Ritterhelm
44 Pappschwert und Pappschild
45 Ritterwams
46 Steckenpferd
48 Luftballon-Ferkelchen
49 Ferkelchen-Filzbrosche
50 Drachen-Mobile
51 Rittertüten
52 Burgfräulein-Hut
53 Ritterfahne
54 Erbsenschleuder
56 Bastelvorlagen

RITTER UND BURGFRÄULEIN ZU DEN WAFFEN!

Vielleicht kennst du ja schon die Geschichte vom kleinen Ritter Trenk: Er war eigentlich ein Bauernjunge, aber der Ritter Hans vom Hohenlob hatte ihn als Pagen in die Ritterausbildung aufgenommen. Das war im Mittelalter ganz außergewöhnlich, denn ein Bauernjunge durfte damals eigentlich gar kein Ritter werden. Mädchen und Frauen durften das übrigens ebenso wenig, und das gefiel Thekla, der Tochter von Ritter Hans vom Hohenlob, gar nicht. Sie wäre viel lieber ein kühner Ritter geworden als ein elegantes Burgfräulein, das immer nur langweilige Hausarbeiten machen muss. „Ja, Pustekuchen", sagte sie nur, wenn jemand das von ihr verlangte. Und, unter uns, Thekla hätte einen ganz tollen Ritter abgegeben! Heimlich hatte sie sich beigebracht, mit der Erbsenschleuder zu schießen. Und zwar so gut, dass sie damit selbst böse Ritter besiegen konnte. Mit ihrem kleinen Schwein Ferkelchen im Schlepptau haben Trenk und Thekla gemeinsam so manches Abenteuer bestanden.

Um ein heldenhafter Ritter zu werden und böse Ritter und Feuer speiende

Drachen zu besiegen, musste ein Junge natürlich vieles lernen – Lanzenstechen, Schwertkämpfen und vieles mehr. Es gab im Mittelalter Turniere, in denen die Ritter zeigen konnten, wie geschickt sie im Umgang mit ihren Waffen waren – und dem Sieger winkte große Ehre! Meistens gab es nach einem Turnier auch ein großes Festmahl, wobei üppig gespeist und getrunken wurde. Mit diesem Buch kannst auch du ein großes Ritterturnier mit einem leckeren Fest-schmaus ausrichten – zu deinem Geburtstag, als Sommerfest oder einfach so, weil es so besonders viel Spaß macht!

Zu einer richtigen Ritterparty gehört natürlich auch, dass ihr euch wie die wahren Ritter und Burgfräulein verkleidet. Im Bastelteil findet ihr viele tolle Anleitungen, wie ihr euch kostümieren und ausrüsten könnt. Dann kann es auch schon losgehen mit Schwertweitwurf, Drachenjagd und Burgeroberung! Und wenn ihr danach einen richtig ritterlichen Hunger habt, ist es Zeit für eine große Rittertafel mit leckeren Wappen-Happen, spitzen Fruchtlanzen, feurig roter Drachenblutbowle, Lagerfeuer und Stockbrot!
Zu den Waffen! Das wird ein Riesenspaß!

STOCKBROT

ZUTATEN
(für 8 Stockbrote)

250 ml lauwarmes Wasser
1 Würfel frische Hefe (42 g)
1 Prise Zucker
500 g Mehl
2 EL Olivenöl (plus 1 EL zum
Einstreichen der Stockbrote)
½ TL gemahlenes Paprikapulver
½ TL Salz
Mehrere Holzstöcke (nicht
zu dünn)

So wird's gemacht

Das lauwarme Wasser füllt ihr in eine Schüssel. Dann bröselt ihr die Hefe hinein und gebt eine Prise Zucker dazu. Das Ganze lasst ihr ein wenig stehen, damit die Hefe „aufgehen" kann. Als Nächstes kommt das Hefegemisch zu Mehl, Olivenöl, Paprikapulver und Salz in die Rührschüssel und wird kräftig verknetet. Im Anschluss muss der Teig noch einmal gehen – am besten legt ihr währenddessen ein Tuch über die Schüssel.

Ein bis zwei Stunden Zeit braucht der Teig, bis er sich verdoppelt. So lange könnt ihr euch schon mal lange, kräftige Holzstöcke suchen. An einem Ende schabt ihr die Rinde ab und spitzt das Ende an.

Jetzt kann es losgehen: Der Teig wird noch mal kurz geknetet, dann teilt ihr ihn in acht Stücke. Die rollt ihr auf einer mehlbestreuten Fläche zu langen Würsten. Die Würste werden wie eine Spirale um die Stockspitzen gewickelt und mit Olivenöl bestrichen. Stockbrot kann man auch über dem Grill rösten, aber richtig ritterlich wird es natürlich nur am Lagerfeuer. Dreht die Stöcke über dem Feuer, damit das Stockbrot nicht an einer Seite verbrennt, sondern gleichmäßig braun wird. Am besten isst man es direkt vom Stock, wenn es ein bisschen abgekühlt ist. Lecker schmecken im Stockbrot auch Schinkenwürfel, Zwiebeln oder Kräuter!

Arme Ritter

Zutaten
(für 4–6 Kinder)

8 Toastbrotscheiben
2 Eier
250 ml Milch
1 Päckchen Vanillezucker
50 g Butter
½ TL gemahlener Zimt
40 g Zucker
60 g Marmelade
Puderzucker
alternativ 100 g Apfelmus

So wird's gemacht

Zuerst einmal verrührt ihr in einer Schüssel die Eier mit der Milch und dem Vanillezucker. Wer es besonders ritterlich will, der kann die Toastbrotscheiben in tolle Formen schneiden, zum Beispiel in Schild-, Burg- oder Wappenform. Die Toastscheiben werden dann in die Ei-Milch-Mischung eingetaucht. Die Butter lasst ihr in einer heißen Pfanne zerlaufen und bratet dann die Brotscheiben darin goldbraun. Sie müssen von beiden Seiten schön knusprig sein. Passt auf, dass sie euch nicht verbrennen! Dann vermischt ihr Zimt und Zucker und streut je einen Teelöffel auf jeden „Armen Ritter"; zum Schluss kommt je ein Klecks Marmelade drauf, wenn ihr wollt auch Puderzucker. Gut schmecken die Ritter auch mit Apfelmus.

Wenn ihr einen Schweineausstecher bekommt, könnt ihr auch Schweine ausstechen, dann sind es anstatt der Armen Ritter „Arme Schweine" oder auch „Arme Ferkelchen".

THEKLAS PUSTEKUCHEN

So wird's gemacht

TEIG Als Erstes trennt ihr die Eier – das ist ein bisschen kniffelig, also lasst euch ruhig helfen. Dann schlagt ihr die Eigelbe mit dem Puderzucker schaumig, am besten mit dem Schneebesen eines elektrischen Handrührgerätes. Das Mehl wird mit dem Backpulver vermischt und gesiebt.
Dann muss aus dem Eiweiß steifer Eischnee werden – das macht ihr wieder mit dem elektrischen Schneebesen in einer fettfreien Schüssel. Den Schnee und das Mehl hebt ihr dann abwechselnd unter die Masse aus Eigelb und Puderzucker.
Den fertigen Teig füllt ihr in eine eingefettete Springform

(28 cm Durchmesser). Dann wird der Boden etwa 45 Minuten lang bei 170 Grad im vorgeheizten Backofen gebacken. Lasst ihn abkühlen und löst ihn danach aus der Form.

WAS HEISST EIGENTLICH „PUSTEKUCHEN"?

„Pustekuchen" sagt man, wenn etwas nicht ganz so gelaufen ist, wie es sollte, oder wenn etwas nicht stimmt. Es heißt ungefähr so viel wie „von wegen". Thekla sagt gerne „Pustekuchen", wenn jemand etwas Dummes sagt. Wenn zum Beispiel jemand nach dem Kuchenessen behauptet, er habe Bauchschmerzen und der Kuchen sei wohl nicht gut gewesen, dann könnt ihr sagen: „Ja, Pustekuchen, du hast einfach zu viel gegessen!" Aber warum sagt man eigentlich „Pustekuchen"? Manche vermuten, dass das Wort aus dem Jiddischen, also dem Judentum, stammt. Es gibt eine jiddische Redewendung, „Ja cochem, aber nicht lamdon", das heißt so viel wie „Gerissen, aber kein Gelehrter" oder „Du bist schlau, aber nicht schlau genug". Das wurde zu Leuten gesagt, die viel dummes Zeug reden. Aus dem Wort „cochem" wurde im Laufe der Zeit „Kuchen". Und „Puste" könnte etwas mit „heißer Luft" zu tun haben, denn wenn jemand viel Unsinn redet, dann sagt man ja auch: „Das ist doch nur heiße Luft!" Und die Pusteblume, die kennt ihr ja sicher – und darauf bezieht sich auch unser Kuchen, bei dem es ordentlich staubt, wenn man draufbläst.

Dafür schneidet ihr mit einem Messer am Rand entlang, sodass sich der Rand gut vom Kuchen löst und ihr ihn gut aus der Form bekommt. Dann schneidet ihr den Kuchen mit einem Messer oben gerade (lasst euch da am besten von einem Erwachsenen helfen!).

GUSS Für den Guss zupft ihr die Blütenblätter ab. Dann wärmt ihr die Orangenkonfitüre und 3 Esslöffel Wasser in einem Topf auf und streut einige Löwenzahnblütenblätter hinein. Damit bestreicht ihr den abgekühlten Kuchenboden.

BUTTERCREME Während das Ganze abkühlt, verrührt ihr die Speisestärke mit fünf Esslöffeln kaltem Wasser. Dann kocht ihr den Orangensaft in einem kleinen Topf auf und rührt die flüssige Stärke zügig hinein. Lasst den eingedickten Orangensaft etwas abkühlen. Als Nächstes werden Butter und Zucker mit dem elektrischen Schneebesen schaumig gerührt und dann der Orangensaft Löffel für Löffel dazugegeben und eingerührt. Diese Orangencreme wird auf den Kuchen gestrichen, und damit ist er auch schon fast fertig. Aber nur fast …

Denn jetzt muss natürlich noch ein richtiger Pustekuchen daraus werden. Dafür grabt ihr in die Mitte des Kuchens eine kleine Mulde, ungefähr zwei Zentimeter tief, mit einem Durchmesser von fünf Zentimetern. Dorthinein gebt ihr Puderzucker und dann etwas geriebene Zitronen- oder Orangenschale und einige gelbe Löwenzahnblütenblätter. Ihr könnt auch mehrere kleine Pustemulden graben. Wenn man draufbläst, staubt es wie beim Pusteblumenpusten!

WAPPEN-HAPPEN MIT FRUCHTLANZE

So wird's gemacht

Für die Wappen-Happen schlagt ihr als Erstes die Eier, den Zucker und die Milch in einer Rührschüssel mit dem Schneebesen auf. Dann fügt ihr Mehl und eine Prise Salz hinzu. Alles wird gut miteinander verrührt. Aus dem Teig backt ihr in einer beschichteten Pfanne mit je einem Teelöffel Öl sechs runde Pfannkuchen. Lasst sie auf beiden Seiten schön braun werden und haltet die schon fertig gebackenen Pfannkuchen im Ofen bei 100 Grad warm.

Stecht aus zwei Pfannkuchen Motive aus, z. B. Wappen, Burgen, Schweine. Das, was vom Ausstechen übrig bleibt, könnt ihr gleich aufnaschen.

Dann klappt ihr die übrigen Pfannkuchen zusammen, legt die ausgestochenen Wappen-Happen darauf und bestäubt alles mit dem Puderzucker. Dazu gibt es Schokoladensoße und das Apfelmus, oder Zucker und Zimt.

Die Fruchtlanzen sind ganz einfach: Das Obst schälen (sofern nötig), in kleine Stücke schneiden und dann bunt durcheinander auf die Schaschlikspieße stecken. Besonders lecker schmecken Fruchtlanzen, wenn man sie in Schokosoße tunkt.

ZUTATEN (für 4 Kinder)

Für die Wappen-Happen

4 Eier
1 EL Zucker
350 ml Milch
160 g Mehl
2 Eier
1 Prise Salz
8 TL Sonnenblumenöl
3 EL Puderzucker
50 ml Schokoladensoße
Apfelmus

Für die Fruchtlanzen

Schaschlik- oder Holzspieße
½ Ananas
1 Kiwi
20 Erdbeeren
20 einzelne Trauben (oder anderes Obst, das ihr gerne mögt)

Knappen-Met

So wird's gemacht

Zu jedem Rittermahl gehört ein ordentlicher Met für die Knappen (Met ist Honigwein, der im Mittelalter gerne getrunken wurde)! Natürlich ohne Alkohol, sonst könnt ihr später kein Lanzenstechen mehr machen. Erhitzt das Wasser in einem Topf, rührt den Honig hinein, und lasst das Ganze 15 Minuten vor sich hin köcheln. Dann lasst ihr alles abkühlen und gießt anschließend den Traubensaft dazu. Nun könnt ihr den Met noch mit Zimt und Muskat abschmecken, wenn ihr mögt, und dann „Prost".

ZUTATEN
(für 4–6 Kinder)

350 ml Wasser
150 g Honig
400 ml heller Traubensaft
¼ TL gemahlener Zimt
1 Messerspitze gemahlene
Muskatnuss

So wird's gemacht

Die Ritterburg ist ein bisschen aufwendiger, aber sie ist der Höhepunkt jedes Rittermahls! Als Erstes zerteilt ihr die Zartbitter-Kuvertüre in kleine Stückchen und füllt sie in eine Edelstahlschüssel (kein Plastik, denn das würde schmelzen). Dann erhitzt ihr einen Topf mit Wasser (nur heißes Wasser, nicht kochen!). Hängt die Schüssel hinein und schaut zu, wie die Kuvertüre schmilzt. Seid dabei schön vorsichtig, denn heißes Wasser auf der Haut kann Verbrühungen verursachen!
Als Nächstes verrührt ihr die Butter und die Eier mit dem Schneebesen des Handrührgerätes zu einer schaumigen Masse.

Dann gießt ihr die flüssige Kuvertüre in einem dünnen Strahl dazu (das macht ihr am besten zu zweit, einer rührt, der andere gießt). Dahinein rührt ihr dann das Mehl, den Zucker, die Nüsse, das Backpulver und das Salz. Nun noch in einem dünnen Strahl die Milch dazugießen. Zum Schluss solltet ihr einen zähflüssigen Teig haben. Ihr fettet die quadratische Springform (wenn ihr die nicht habt, geht auch eine runde, dann müsst ihr den Kuchen vor dem Glasieren quadratisch schneiden) mit Butter und füllt den Teig hinein. Dann wird der Kuchen im vorgeheizten Backofen bei 175 Grad ca. 45–50 Minuten gebacken. Danach darf er abkühlen.

Den abgekühlten Kuchen löst ihr aus der Springform, dabei rundherum den Rand mit einem Messer lösen. Dann hebt ihr den Kuchen (das „Burgfundament") vorsichtig auf ein Kuchengitter.

Als Nächstes lasst ihr die Vollmilch-Kuvertüre und die weiße Kuvertüre getrennt in einem heißen Wasserbad schmelzen. Auch hier gilt wieder: Aufpassen, dass ihr euch nicht verbrüht! Mit der Vollmilch-Kuvertüre wird die Burg überzogen. Der Guss muss dann erst einmal fest werden – nicht zu früh weitermachen.

Jetzt geht es ans Verzieren, und dabei könnt ihr richtig kreativ werden. Aus den

Eiswaffeln werden Turmspitzen, aus den Marshmallows Mauersteine und das Burgtor, aus Keksen Fenster, die Schokostangen werden zu Zinnen, mit den Bonbons könnt ihr Wege pflastern … Bis sie gegessen wird, sollte die Burg kühl stehen.

ZUTATEN

300 g Zartbitter-Kuvertüre
250 g Butter
8 Eier
200 g Zucker
500 g Mehl
150 g gemahlene Haselnüsse
1 Päckchen Backpulver
1 Prise Salz
200 ml Milch
1 quadratische Springform, 24 x 24 cm

Zum Verzieren

400 g Vollmilch-Kuvertüre
4 Waffel-Eistüten (beim Eisregal)
4 kleine Marshmallows
2 Schokogebäckstangen (z. B. „Mikado")
20 Gummibärchen
10 kleine Butterkekse
10 Bonbons

DRACHENBLUTBOWLE

So wird's gemacht

Zu einem ordentlichen Rittermahl gehört natürlich auch eine schöne rote Drachenblutbowle! Dafür schneidet ihr als Erstes die Zitrone und die Orange in Scheiben – aber nicht schälen. Die Banane schneidet ihr auch in Scheiben, die schält ihr allerdings vorher. Die Weintrauben waschen und von den Stängeln abzupfen. Die Wassermelone schält ihr und schneidet sie in so große Stücke, dass ihr 2–3 Drachen ausstechen könnt. Am besten mischt ihr die Bowle in einer großen Schüssel; wenn ihr so was nicht habt, hilft auch ein kleiner Eimer – aber sauber machen! Los geht's mit dem Traubensaft, dem Sirup und den Orangen- und Zitronenscheiben, dann kommen die Bananenstücke und die Trauben dazu und zum Schluss Eiswürfel. Die Drachen aus Melone stellt ihr dazu oder gebt sie auch noch in die Bowle. Wenn die Bowle zu süß ist, könnt ihr noch Mineralwasser hineingeben, dann zischt und brodelt sie sogar noch schön!

ZUTATEN (für 4–6 Kinder)

1 unbehandelte Zitrone
1 unbehandelte Orange
1 Banane
1 Rispe weiße Weintrauben
1 l weißer Traubensaft
80 ml Grenadine (roter Granatapfelsirup, ersatzweise ein anderer roter Sirup)
¼ einer Wassermelone
1 Drachenausstecher
Eiswürfel

BRATÄPFEL

ZUTATEN
(für 4 Kinder)

4 Äpfel
1 Bio-Zitrone (wichtig ist
eine unbehandelte Schale)
4 TL Apfelgelee
3 EL Honig
100 g geschälte Mandeln
100 g Rosinen
100 g Butter
100 g Zucker
1 EL gemahlener Zimt
2 EL Puderzucker
Vanillesoße oder Vanilleeis

So wird's gemacht

Als Erstes reibt ihr die Zitronenschale auf der feinen Seite der Küchenreibe ab. Den Saft presst ihr aus. Dann müssen die Kerngehäuse aus den Äpfeln raus. Dafür gibt es praktische Ausstecher (ein kleiner Löffel geht aber auch). Das Loch vergrößert ihr dann am besten noch etwas, damit auch ordentlich Füllung reinpasst. Die Butter wird mit den Rosinen, Zucker, Honig, den gehackten Mandeln, Zimt und der abgeriebenen Zitronenschale verknetet.

Mit dieser Masse füllt ihr die Äpfel und setzt sie anschließend in eine feuerfeste Form. Nun kommen auf jeden Apfel noch ein Esslöffel Honig und ein Teelöffel Apfelgelee, bevor die Form dann für ungefähr eine Stunde in den auf 120 Grad vorgeheizten Backofen wandert. Dann mit etwas Puderzucker bestäuben.

Besonders lecker schmecken die Bratäpfel noch warm mit Vanillesoße oder Vanilleeis.

SCHWEINEÖHRCHEN

So wird's gemacht

Dass wir keine Schweine essen, ist ja klar, denn das würde Ferkelchen überhaupt nicht gefallen! Die Schweineöhrchen, die ihr mit diesem Rezept machen könnt, sind süß und lecker und haben mit richtigen Schweinen Gott sei Dank nichts zu tun.

Nehmt den tiefgekühlten Blätterteig rechtzeitig aus dem Gefrierschrank, damit er aufgetaut ist, wenn ihr ihn braucht (am besten schon am Abend vorher).

Lasst die Butter in einem Topf auf der heißen Herdplatte zerlaufen und etwas abkühlen. Dann nehmt ihr die Blätterteig-platten, legt sie übereinander und rollt sie zu einem Rechteck aus (etwa 30 x 40 cm).
Am besten streut ihr vorher etwas Mehl auf eure Arbeitsfläche, damit der Teig nicht kleben bleibt! Nun streicht ihr die flüssige Butter auf die Teigfläche, mischt den Zucker, den Zimt und den Vanillezucker und bestreut den Teig gleichmäßig mit dieser Mischung.

ZUTATEN
(für 12–15 Öhrchen)

450 g tiefgekühlter Blätterteig
(aus dem Tiefkühlregal)
50 g Butter
50 g Zucker
½ TL gemahlener Zimt
1 Päckchen Vanillezucker
100 g Vollmilch-Kuvertüre

Jetzt müsst ihr die Öhrchen formen. Dazu rollt ihr den Teig von beiden Seiten aus zur Mitte hin auf, und zwar von den längeren Seiten aus. Wenn die beiden Rollen aufeinanderstoßen, drückt ihr sie fest zusammen. Dann stellt ihr den Teig am besten in den Kühlschrank (oder irgendwo anders hin, wo es kalt ist), damit er schnittfest wird. Im Kühlschrank dauert das ungefähr 30 Minuten.

Dann schneidet ihr mit dem Messer etwa einen Zentimeter dicke Scheiben von der Teigrolle ab. Passt dabei gut auf eure Finger auf! Legt die Scheiben mit etwas Abstand voneinander auf ein mit Backpapier belegtes Backblech. Dann kommen die Öhrchen in den auf 180 Grad vorgeheizten Backofen (auf die mittlere Schiene). Insgesamt müssen sie etwa 15 Minuten backen, nach 10 Minuten solltet ihr sie aber einmal umdrehen. Nach dem Backen lasst ihr die Schweineöhrchen auskühlen. Währenddessen könnt ihr die Kuvertüre im Wasserbad schmelzen lassen (wie im Rezept für die Ritterburg). Dann taucht ihr euer Gebäck mit dem oberen Drittel in die Schokolade und lasst die Glasur vor dem Essen noch fest werden. Richtige Könner können natürlich auch ganze Schweinchen aus dem Teig formen!

SAFTIGE KEULEN VOM HOFHUHN

So wird's gemacht

Zuerst einmal müsst ihr die Hähnchenkeulen abspülen und trocken tupfen. Das Öl vermengt ihr in einer kleinen Schüssel mit Salz, Pfeffer und Paprikapulver und reibt die Hähnchenkeulen damit ein. Dann legt ihr sie auf ein tiefes Backblech oder in eine backofengeeignete Form und gart sie bei 180 Grad im vorgeheizten Backofen 35–40 Minuten.

ZUTATEN (für 4 Kinder)

4 Hähnchenkeulen
3 EL Öl
Salz und Pfeffer
2 TL mildes Paprikapulver
1 Baguette
oder anderes Brot

Zu den Hähnchenkeulen gibt es Brot. Das diente im Mittelalter auch gleich als Teller, und natürlich wurde mit den Händen gegessen! Lecker schmeckt dazu ein Salat!

KANONENKUGELN

Für die Kanone
1 Stück Gurke
(etwa 10 cm lang)
½ rote Paprika
1 Radieschen

ZUTATEN
(für 6–8 Kinder)

Für die Hackbällchen
1 Bund Petersilie
500 g gemischtes Hackfleisch
1 Knoblauchzehe
1 Ei (mittlere Größe)
50 g geriebener Parmesan
Salz und Pfeffer
1–2 Messerspitzen
geriebene Muskatnuss
6 EL Sonnenblumenöl

So wird's gemacht

Kanonen bedeuteten eigentlich das Ende der Ritterzeit – denn dagegen konnte natürlich auch der tapferste Ritter mit seinem Schwert nichts ausrichten. Das heißt aber nicht, dass Kanonenkugeln kein leckeres Essen abgeben können. Die Petersilienblättchen zupft ihr ab und hackt sie ganz fein. Dann verknetet ihr alle Zutaten (bis auf das Öl zum Braten) in einer Schüssel ordentlich miteinander und formt kleine Bällchen daraus, am besten etwas kleiner als Walnüsse. In einer großen Pfanne erhitzt ihr das Öl, dann die Kanonenkugeln braten. Immer mal wieder die Pfanne rütteln, damit die Bällchen nicht festkleben.

Zum Abkühlen auf ein Stück Küchenpapier legen, das saugt das Fett ein wenig auf. Lecker schmeckt zu den Kanonenkugeln Zaziki oder Kartoffelbrei.
Wenn ihr es richtig schick machen wollt, dann bastelt euch noch eine Kanone, die ihr beim Servieren zwischen die Kanonenkugeln setzen könnt! Dazu nehmt ihr ein Stück Gurke und höhlt es mit einem kleinen Löffel aus. Die Räder schnitzt ihr aus Paprika und Radieschenscheiben. Die Räder und die Kanone verbindet ihr mit einem Zahnstocher und füllt einige Bällchen hinein. Dann setzt ihr die Kanone mit einem Ende auf einige Hackbällchen, und los geht der Ritterschmaus!

THEKLAS ERBSENTORTE

ZUTATEN

Für den Quark-Öl-Teig
250 g Mehl
100 g Speisequark (20 % Fett)
5 EL Sonnenblumenöl
1 TL Salz
1 Ei (mittlere Größe)

So wird's gemacht

Mit Erbsen kann man natürlich nicht nur schießen, wie Thekla das immer tut, sondern man kann sie auch essen. Und Theklas Erbsentorte ist richtig lecker und obendrein gesund!

Für die Torte macht ihr als Erstes den Quark-Öl-Teig. Dafür füllt ihr Mehl, ein Ei, 100 g Quark, einen Teelöffel Salz und fünf Esslöffel Öl in eine Schüssel. Dann knetet ihr alle Zutaten mit den Händen zu einem glatten Teig. Dafür braucht ihr etwas Kraft, aber das ist ja bei Rittern sowieso klar … Dann wickelt ihr den Teig für 30 Minuten in Frischhaltefolie und macht inzwischen die Füllung.

Für die Füllung:
1 Zwiebel
30 g Butter
100 g Schinken
250 g tiefgekühlte Erbsen
150 g Speisequark (20 % Fett)
150 ml Milch
3 Eier
Salz und Pfeffer
50 g geriebener Parmesan

Dafür hackt ihr zuerst die Zwiebel. Dann lasst ihr in einer Pfanne die Butter zerlaufen und bratet die Zwiebelwürfel darin an. Der Schinken wird in feine Streifen geschnitten und kommt ebenfalls in die Pfanne. Bratet die Schinkenstreifen kurz mit, bis sie Farbe bekommen, dann kommen die Erbsen dazu. Für den Guss füllt ihr Quark, 3 Eier, Milch, Parmesan, Salz und Pfeffer in eine Schüssel und verrührt alles mit einem Schneebesen. Dann geht es ans Ausrollen des Teiges: Ihr streut etwas Mehl auf eine Arbeitsfläche. Dann fettet ihr eine Springform (26 cm Durchmesser). Den Teig rollt ihr mit einem Nudelholz auf der bemehlten Arbeitsfläche etwas größer als die Springform aus. Dann legt ihr den Teig ohne Folie in die Form und drückt den Rand gut an ihren Wänden an. Darauf kommt die Erbsen-Mischung und dann der Guss.
Die Torte im vorgeheizten Backofen bei 190 Grad etwa 40 Minuten backen.

Spiele

RITTERTURNIER

Was wäre eine Ritterparty ohne ein Ritter-turnier? Am besten bildet ihr zwei Mann-schaften, sodass jeweils zwei Ritter aus den gegnerischen Teams in den verschiedenen Disziplinen gegeneinander antreten können.

DAS BRAUCHT IHR

- Ritterschwerter
- Ringe
- Löffel
- Rohe Kartoffeln
- Zwille
- Tischtennisbälle

Ringe werfen

Treffsicherheit ist für einen Ritter sehr wichtig! Alle Ritter stellen sich nebenein-ander in einer Reihe auf. Jeder hält sein Schwert nach oben (wie ihr euch ein Ritter-schwert basteln könnt, erfahrt ihr auf Seite 44), zur Not tun es auch Stöcke. Der Ritter, der sich dieser Prüfung unterziehen muss, stellt sich in einiger Entfernung auf. (Wie groß die Entfernung sein sollte, müsst ihr mit ein bisschen Ausprobieren heraus-finden – wenn ihr zu weit weg steht, klappt es gar nicht, und wenn ihr zu nah steht, ist es zu einfach.) Er bekommt Ringe, die er auf die Schwerter werfen muss. Wer trifft alle? Ihr könnt das Spiel auch noch schwerer machen, indem ihr zum Beispiel dem werfenden Ritter einen Löffel mit einer Kartoffel (oder einem gekochten oder, noch gemeiner, einem rohen Ei) in die Hand gebt, die nicht herunterfallen darf. Bestimmt fallen euch noch viel mehr lustige Varianten ein!

Lanzenkampf

Hier ist Zweikampf angesagt. Die Gegner nehmen jeder einen Esslöffel in jede Hand; auf den Löffel in der linken Hand kommt eine Kartoffel. Der Löffel in der rechten Hand ist der Angriffs- und Abwehrlöffel. Auf ein Zeichen beginnt der Kampf, und beide Ritter versuchen, die Kartoffel des anderen vom Löffel zu stoßen, gleichzeitig müssen sie aber auch ihre eigene Kartoffel verteidigen. Gewonnen hat der, dessen Kartoffel am Ende noch auf dem Löffel liegt.

Schwertweitwurf

Als Vorbereitung zeichnet ihr eine Linie auf den Boden. Nacheinander tritt jeder Ritter auf die Linie und wirft sein Schwert (die Schwerter müssen ungefähr gleich schwer sein, sonst ist es unfair). Wer am weitesten wirft, hat gewonnen.

Erbsenschießen

Wer gut mit Erbsen schießen kann, der kann sogar böse Ritter besiegen, das weiß jeder! Allerdings sollt ihr bei diesem Spiel nicht auf Menschen schießen – das ist viel zu gefährlich. Bastelt euch eine Zwille (wie das geht, lest ihr auf Seite 54), und bemalt ein paar Tischtennisbälle grün. Dann stellt ihr auf einem Tisch eine Reihe Plastikbecher auf. Wer mit drei Versuchen die meisten Becher vom Tisch schießt, hat gewonnen.

TAUZIEHEN

Das braucht ihr

• Starkes Tau
• Bettlaken oder Seil

Hier könnt ihr zeigen, wie stark ihr seid! Teilt euch in zwei Mannschaften auf. Jede Mannschaft packt das Ende eines dicken Taus. Genau in die Mitte zwischen den beiden Mannschaften legt ihr ein altes Bettlaken oder ein weiteres Seil – das ist der Wassergraben. Auf Kommando fangt ihr an zu ziehen. Welche Mannschaft schafft es, ihren Gegner in den Wassergraben zu ziehen, und trägt den Sieg davon?

DRACHENJAGD

Das braucht ihr

- Plakat oder Pappkarton
- Helfer zum Spurenlegen
- Schatz

Für diese tolle Variante einer Schnitzeljagd braucht ihr ein paar Helfer, die alles vorbereiten. Auf ein großes Plakat oder einen Pappkarton wird das Bild eines Drachen gemalt und dann in mehrere Teile zerschnitten. Ein Helfer muss die Spur legen und die einzelnen Teile an verschiedenen Orten verstecken. An jedem Fundort gibt es einen Hinweis auf das nächste Versteck – aber bevor ihr ihn bekommt, müsst ihr eine Aufgabe lösen.

Was haben sich die Helfer wohl ausgedacht? Müsst ihr ein Minnelied dichten? Oder eure Schwertkampffähigkeiten beweisen? Der Fantasie sind keine Grenzen gesetzt. Am Fundort des letzten Puzzleteils wartet sicher auch ein Schatz auf euch!

SACKHÜPFEN

Dieses Spiel kennt ihr sicher! Ihr braucht ein paar alte Kartoffelsäcke, eine Start- und eine Ziellinie, und schon kann es losgehen. Die Ritter, die gegeneinander antreten, schlüpfen jeder in einen Sack und stellen sich an der Startlinie auf. Auf Kommando hüpfen alle so schnell sie können auf die Ziellinie zu. Wer schafft es als Erster? Hier braucht man starke Ritterbeine!

RINGESTECHEN

Das braucht ihr

- Schwert
- Ring
- Leine, um den Ring aufzuhängen
- Tuch

Die Knappen im Mittelalter übten das Ringestechen vom Pferd aus – sie mussten mit der Lanze im Vorüberreiten kleine Ringe aufnehmen. Ganz schön kniffelig! Wir machen es etwas anders und ohne Pferd. Ein Ring wird an einen Ast gehängt. Der Ritter, der an der Reihe ist, bekommt die Augen verbunden und muss versuchen, den Ring mit seinem Schwert aufzunehmen. Wer schafft es, ihn innerhalb einer Minute zu erwischen, und gewinnt?

WETTESSEN

Das braucht ihr

- Schokoküsse

Im Mittelalter wurde gerne und viel gegessen – darum passt ein Wettessen prima zu einem Rittergeburtstag. Natürlich geht ein Wettessen grundsätzlich mit jedem Essen, aber Schokoküsse eignen sich besonders gut, auch wenn es die damals noch nicht gegeben hat.
Jeweils zwei Ritter bekommen einen Teller mit drei Schokoküssen vorgesetzt. Nun müssen sie die Schokoküsse so schnell essen, wie sie können – aber ohne Hände! Wer als Erster aufgegessen hat, ist der Sieger.

SCHWERTKAMPF

Für dieses Spiel braucht ihr Luft-ballonschwerter. Man macht sie aus speziellen Modellierballons – die sind länglich und können leicht verdreht werden. Anleitungen für tolle Ballon-schwerter gibt es im Internet.

Jeder der Ritter bekommt ein Ballonschwert, auf die Spitze kommt ein Klecks Creme oder Sahne. So sieht man genau, wer getroffen worden ist. Damit es nicht zu einfach wird, müssen alle auf einem Baumstamm oder etwas Ähnlichem balancieren. Wer bleibt am längsten ohne Klecks?

Das braucht ihr
• Modellierballons
• Creme oder Sahne
• Baumstamm

35

DRACHENFÜTTERUNG

Das braucht ihr

- Regenjacke
- Essen zum Verfüttern, zum Beispiel Pudding oder Joghurt

Noch ein tolles Futterspiel ist die Drachenfütterung. Dazu setzen sich zwei Ritter dicht hintereinander an einen Tisch. Am besten geht das mit zwei Hockern ohne Lehne oder mit einer Bank. Der vordere Ritter ist der Drache. Er bekommt eine Regenjacke verkehrt herum umgehängt, der Ritter hinter ihm schlüpft in die Ärmel. Er muss nun auf dem Tisch nach Essen greifen, das dort bereitliegt, und es dem Drachen in den Mund schieben. Der Drache darf dabei nur seinen Kopf bewegen – ob das gut geht?

RITTERBANNER KLAUEN

Das braucht ihr

• Ritterbanner

Für dieses Spiel teilt ihr euch in zwei Ritterarmeen auf und stellt euch in 20 Metern Entfernung gegenüber auf. Irgendwo müsst ihr einen Platz festlegen, der als Verlies dient. Eine Armee bekommt das Ritterbanner, das an einem Stock aufgestellt wird, die andere Armee möchte es erobern. Die Angreifer haben einen König, der das Schlagrecht besitzt – das heißt, dass er gegnerische Spieler mit der Hand abschlagen darf. Die Verteidiger besitzen alle Schlagrecht. Nur den gegnerischen König dürfen sie nicht abschlagen. Unter dem Schutz des Königs versuchen die Angreifer nun, das Banner zu erobern.

Der König darf dabei nicht helfen, er darf nur „Deckung" geben – wen er an der Hand hält, der ist sicher. Er darf aber immer nur einen beschützen. Wird ein Angreifer abgeschlagen, wird er in das Verlies gebracht, aus dem er nur vom König befreit werden kann. Ein vom König abgeschlagener Verteidiger kann von jedem anderen Spieler seiner Mannschaft aus dem Verlies befreit werden. Das Spiel ist zu Ende, wenn alle Angreifer gefangen sind oder das Banner erfolgreich erobert wurde.

EROBERUNG DER RITTERBURG

Das ist ein Spiel für winterliche Ritterpartys, denn ihr braucht viel Schnee dafür! Teilt euch in zwei Ritterheere, jede Mannschaft baut einen Wall aus Schnee. Die Wälle sollten sich in fünf Metern Entfernung gegenüberstehen. Dann formt ihr einen Berg Schneebälle und lagert sie hinter euren Wällen. Jeweils drei Ritter verschanzen sich in ihrer Schneeburg, während die übrige Mannschaft versucht, die gegnerische Burg einzunehmen. Die Wächter verteidigen ihre Burg mit Schneebällen.

Wenn ein Angreifer getroffen wird, muss er zurück in die eigene Burg und von dort einen neuen Versuch starten. Die Gruppe, die es zuerst schafft, die gegnerische Burg zu stürmen, hat gewonnen.
Im Sommer könnt ihr das Spiel auch mit weichen Schaumgummi- oder Styroporbällen spielen und euch eine Festung aus Bänken und Brettern oder Ähnlichem bauen. Nehmt auf keinen Fall harte Tennisbälle oder Ähnliches, damit niemandem etwas passiert!

Das braucht ihr

- Viel Schnee
  oder Schaumgummi-
  oder Styroporbälle

Basteln

RITTERHELM

Für einen Ritterhelm könnt ihr zum Beispiel einen Luftballon in der Kopfgröße des Ritters aufblasen und mit Zeitungspapier bekleben, wobei unten natürlich eine Öffnung bleiben muss. Darüber kommt Tapetenkleister und darauf wieder mehrere Lagen Zeitungspapier. Wenn der Helm trocken ist, kann der Luft-ballon aufgestochen und der fertige Helm mit Silberfarbe bemalt werden. Das Visier bastelt man aus Pappe und bemalt es dann ebenfalls mit Silberfarbe. Am besten kann man es mit kleinen Musterbeutelklammern am Helm befestigen.

Ihr könnt für den Helm auch einen alten Plastikball verwenden, den ihr in zwei Hälften schneidet (das gibt zwei Helme). Jeder Helm

Oder
- Plastikball
- Silberfolie oder Silbersprühfarbe
- Sackleinen
- Tacker
- Gummiband
- Schere

wird mit Silberfolie beklebt oder mit Silberfarbe besprüht. Dann braucht euer Helm noch einen Nackenschutz, den man am besten aus Sackleinen macht und mit Klammern festtackert. Damit der Helm nicht vom Kopf fällt, bekommt er ein Gummiband.

Wem das alles zu kompliziert ist, der verwendet die Schablone am Ende des Buches. Einfach mit dem Fotokopierer vergrößern, die zwei Einzelteile zusammenkleben und dann auf grauen Karton abpausen. Der Helm wird ausgeschnitten und wie angegeben zusammengeklebt. In das Ende der Laschen knipst ihr mit dem Locher je ein Loch und verschließt den Helm dann mit einer Musterbeutelklammer. Besonders toll sieht der Helm aus, wenn man ihn noch mit ein paar Federn schmückt!

Oder
- Grauer Karton
- Musterbeutelklammer
- Schere
- Doppelseitiges Klebeband oder Klebstoff

PAPPSCHWERT UND PAPPSCHILD

Das Ritterschwert zeichnet ihr auf feste Pappe. Ausschneiden kann man es am besten mit einem Teppichmesser – lasst euch dabei aber auf jeden Fall helfen, denn diese Messer sind verflixt scharf! Die Klinge des Schwertes bemalt ihr mit Silberfarbe, am Griff sieht Goldfarbe oder Goldfolie gut aus.

Der Schild wird ebenfalls aus Pappe ausgeschnitten und bemalt (zum Beispiel mit eurem Wappen). Auf der Rückseite bringt ihr zwei Schlaufen aus Gurtband an, die ihr festtackern oder mit Buchsendungsklammern befestigen könnt. Durch diese Schlaufen schiebt ihr dann euren Unterarm. Fertig ist die Bewaffnung!

RITTERWAMS

DAS BRAUCHT IHR

- Dicker Filz
- Kordel
- Klebstoff
- Schere

Für ein Wams braucht ihr einen dicken Filzstoff, den ihr doppelt legt. An der Faltkante schneidet ihr ein Loch hinein, das so groß sein sollte, dass euer Kopf durchpasst. Entlang der offenen Kanten bohrt oder schneidet ihr mehrere kleine Löcher in den Stoff, durch die eine dicke Kordel passen muss. Jetzt wird gefädelt wie beim Schnürsenkeleinziehen. Immer kreuz und quer wird eine Kordel durch den Stoff geflochten. Unten wird sie verknotet. Auf die Vorderseite eures Wamses klebt ihr dann noch ein Wappen oder ein Wappentier. Auch dafür eignet sich fester Filz am besten.

STECKENPFERD

1 Zuerst füllt ihr den Strumpf zur Hälfte mit Füllwatte – er wird später der Kopf eures treuen Rosses. An den Kopf werden die Ohren angenäht. Die werden aus zwei verschiedenen Stoffen gemacht, für die Rückseite ein dunkler Stoff, für die Vorderseite ein heller. Schneidet die Teile für zwei Ohren zu, näht sie zusammen (aber unten offen lassen), und stopft sie ebenfalls mit Füllwatte aus.

2 Für die Mähne wickelt ihr Wolle um die zwei Pappstreifen, mindestens vier Lagen übereinander, damit die Mähne auch schön dicht ist und euer Pferd nicht räudig aussieht! An einer Seite des Pappstreifens entlang vernäht ihr dann die Wollfäden miteinander, sonst fällt gleich alles auseinander.

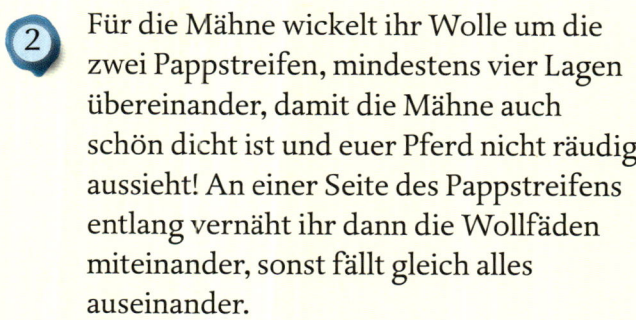

DAS BRAUCHT IHR

- 1 große Männersocke (egal welche Farbe)
- Halber Besenstiel oder Stock
- Wolle für die Mähne
- 2 Pappstreifen, ca. 24 x 5 cm
- Stoff für die Ohren
- Knöpfe für die Augen
- Nahtband für das Zaumzeug
- Füllwatte
- Nähgarn, Nähmaschine, Schere

3 Nun wird an der anderen Seite am Papp-streifen entlang die Wolle aufgeschnitten. Am besten dann noch mal mit der Näh-maschine über den Mittelstreifen nähen, damit sich die Mähne nicht irgendwann auflöst. Dann wird die Mähne auf den Strumpf genäht, ebenso die Ohren.

4 Für die Augen verwendet ihr Knöpfe, oder ihr stickt sie mit Wolle auf, ebenso wie die Nüstern. Der Besenstiel oder Stock wird in die Socke geschoben, dann stopft ihr den Pferdekopf vollends aus und bindet ihn unten mit einem Wollfaden zusammen. Ein Zaum-zeug könnt ihr aus Nahtband oder einer Kordel machen.

LUFTBALLON-FERKELCHEN

DAS BRAUCHT IHR

- Luftballon
  (am besten rosa)
- Vier lange Streichhölzer
- Tesafilm
- Plastikbecher
- Rosa Filz
- Schwarzer Filzstift
- Doppelseitiges Klebeband
- Rosa Tonpapier
- Schere

Ferkelchen darf auf eurer Ritterparty natürlich nicht fehlen!
Den Ballon blast ihr ganz normal auf, aber nicht zu prall. Von dem Plastikbecher schneidet ihr unten ein breites Stück ab und beklebt ihn mit rosa Tonpapier – das wird die Nase. Am besten klebt ihr sie mit doppelseitigem Klebeband auf den Ballon. Lange Streichhölzer sind die Beine, die ihr mit Tesafilm anklebt. Passt genau auf, wo ihr die Beine ansetzt, denn die Nase sorgt leicht dafür, dass das Schweinchen Übergewicht nach vorn bekommt. Als „Gegengewicht" hilft ein Ringelschwanz aus schwerem Filz! Aus dem rosa Tonpapier schneidet ihr zwei kleine Ohren und klebt sie ebenfalls auf den Ballon. Nasenlöcher und Augen malt ihr mit dem Filzstift auf – fertig ist das Ferkelchen!

FERKELCHEN-FILZBROSCHE

Schneidet mithilfe der Kopiervorlage am Ende des Buches die einzelnen Stücke aus Filz aus. Den Schweinchenkopf schneidet ihr auch einmal aus Pappe aus und klebt ihn hinter den Filzkopf, das verstärkt die Brosche. Klebt Augen, Nase und Ohren an, und malt mit Filzstift die Augen auf den weißen Filz. Auf die Rückseite klebt ihr die Sicherheitsnadel, mit der man die Brosche am Wams oder am Kleid eines Burgfräuleins befestigen kann.

DAS BRAUCHT IHR

- Filz in zwei Rosatönen, Weiß und Grau
- Pappe
- Klebstoff
- Schwarzer Filzstift
- Sicherheitsnadel
- Schere

49

Drachen-Mobile

Für das lustige Drachen-Mobile gibt es ebenfalls Kopiervorlagen im Buch. Übertragt sie auf Papier, Karton oder Filz, und schneidet sie aus. Dann klebt ihr den Drachen die Flügel an – sie sehen besonders gut aus, wenn sie eine andere Farbe als der Körper haben. Die Augen malt ihr mit schwarzem Filzstift. Mit weißem Bindfaden bindet ihr alles zusammen. Am besten funktioniert das Mobile, wenn ihr mehrere Stöcke miteinander verbindet, davon können dann die Drachen in verschiedenen Höhen am Bindfaden herunterbaumeln.

Das braucht ihr

- Papier, Karton oder Filz
- Schere
- Schwarzer Filzstift
- Weißer Bindfaden
- 2 Stäbe oder Stöcke

RITTERTÜTEN

DAS BRAUCHT IHR

- Tonpapier in verschiedenen Farben
- Butterbrottüten oder große Papiertüten
- Malkasten
- Pinsel
- Schere
- Klebstoff
- Filzstifte

Diese Tüten sind ideal, wenn die Gäste deiner Ritterparty hinterher ein paar Leckereien mit nach Hause nehmen dürfen. Jeder malt seine Tüte in seiner gewünschten Farbe an. Nicht wundern, wenn sich das Papier wellt, das geht beim Trocknen wieder weg. Während die Tüten trocknen, kann sich jeder aus Tonpapier ein schönes Wappen basteln – vielleicht einen Drachen? Damit werden die Tüten hinterher beklebt. Und dann kommen die Leckereien hinein!

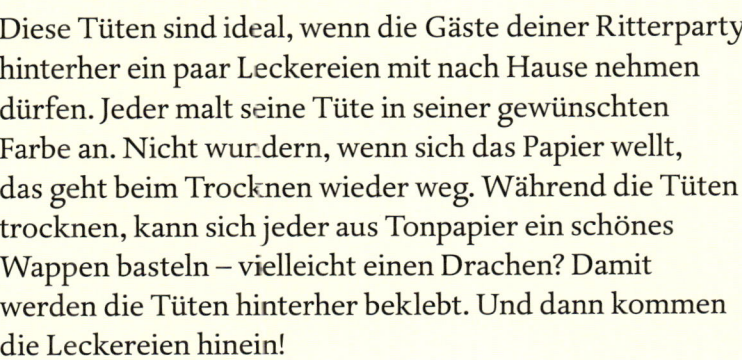

BURGFRÄULEIN-HUT

Ein Burgfräulein in der Ritterzeit trug immer ein langes
Kleid und auf jeden Fall eine
Kopfbedeckung – als verheira-
tete Frau die Haare unbedeckt
zu lassen, galt im Mittelalter als
unschicklich!

1 Für einen schönen Spitzhut,
wie er vor ungefähr 600 Jahren
groß in Mode war, lässt du dir
von einem Erwachsenen einen
Viertelkreis auf festen Karton
zeichnen und schneidest ihn
aus. Du kannst ihn hübsch
bemalen, oder ihr kauft gleich
farbigen Karton.

2 Der Karton wird wie eine
Schultüte zusammengedreht
und geklebt oder getackert.
Am besten machst du am
unteren Rand noch zwei
Löcher hinein und fädelst ein
Gummiband hindurch, damit
dir der Hut nicht vom Kopf
fällt. An der Hutspitze kannst
du einen Schleier oder Stoffbänder befestigen. Und natürlich kannst du den Hut noch
schön verzieren.

DAS BRAUCHT IHR

- Karton
- Schere
- Gummiband
- Schleier oder
  Stoffbänder
- Wasserfarben

RITTERFAHNE

BASTELN

DAS BRAUCHT IHR

• Stoff
• Schere
• Ast
• Klebstoff

Die Ritterfahne macht ihr aus einem Stück Stoff, das ihr in die gewünschte Form schneidet. Am besten ist es, wenn die Ränder mit der Nähmaschine umsäumt werden, damit das Banner nicht ausfranst. Aus Stoff könnt ihr ein Wappentier oder etwas Ähnliches zuschneiden und auf die Fahne kleben. Im Wald besorgt ihr euch einen Ast, um den das Ende der Fahne herumgewickelt und festgetackert oder festgeklebt wird – fertig!

ERBSENSCHLEUDER

DAS BRAUCHT IHR

- Gegabelter Ast
- Lederstück
- Gummiband
- Reißfeste Schnur
- Tischtennisbälle
- Schere

Was wäre Thekla ohne ihre Schleuder? Willst du auch eine solche Zwille haben? Damit kann man das Erbsenschießspiel spielen und auch sonst viel Spaß haben. Aber ganz wichtig ist: Nie, nie, niemals auf Menschen zielen! Du könntest jemanden verletzen. Also immer nur auf Dosen, Becher oder Ähnliches zielen, und am besten als Geschoss nur weiche Dinge verwenden, die nicht wehtun, zum Beispiel Tischtennisbälle, die du grün anmalen kannst, damit sie wie Erbsen aussehen.

1 Wenn du dir selbst eine Schleuder basteln willst, brauchst du einen gegabelten Ast, zum Beispiel von einem Haselnussstrauch. Er muss aussehen wie ein Y, und das Stück unter der Gabel muss so lang sein, dass du es gut greifen kannst.

2 Aus einem Stückchen Leder bastelst du ein Oval, dort hinein kommt später die Munition. Am besten passt du es gleich an die späteren Geschosse an, zum Beispiel die Tischtennisbälle. An den schmalen Enden kommen zwei Löcher ins Leder. Durch diese Löcher ziehst du je ein Gummiband und knotest es fest. Achte darauf, dass das Gummi wirklich fest sitzt, denn wenn es sich beim Schießen lösen sollte, schnellt das Gummi zurück und könnte dich ins Gesicht treffen.

3 Die Enden der Gummibänder befestigst du an den Enden der Astgabel, am besten mithilfe reißfester Schnur. Die ist auch beim Befestigen des Gummis am Leder nützlich.

Jetzt kann es losgehen – einen Ball in die Schleuder legen, spannen und Schuss!

Aber noch mal, ganz, ganz wichtig: Niemals auf Menschen schießen!

55

BASTELVORLAGE RITTERHELM

Loch für Musterbeutelklammer ↑

Doppelseitiges Klebeband

Die beiden Helmteile im Copyshop mit 200 % Vergrößerung kopieren. Danach ausschneiden und in der Mitte mit Tesafilm zusammenkleben. Kopiervorlage auf den Karton für den Helm legen und abpausen.

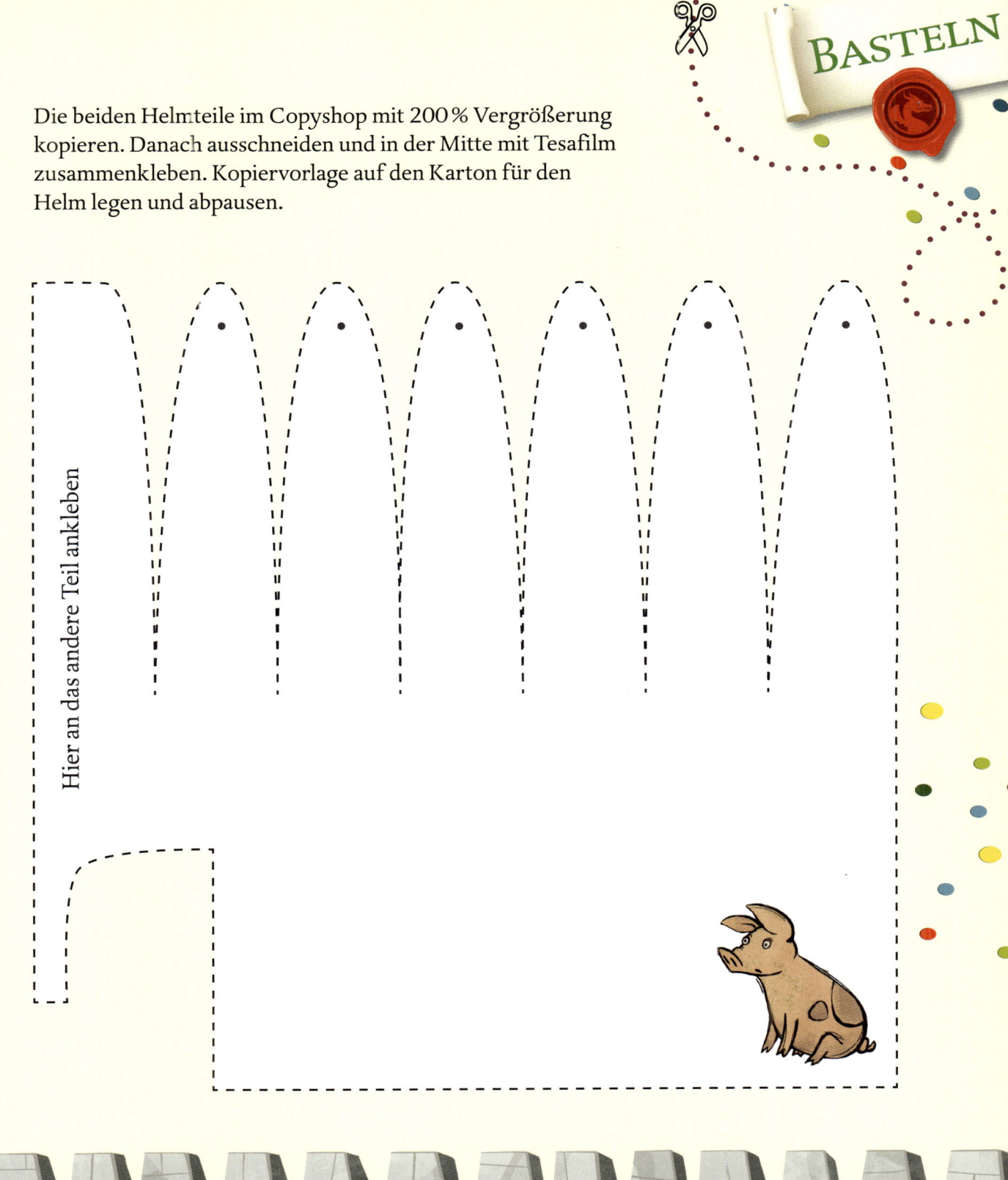

Hier an das andere Teil ankleben

Bastelvorlage Drachen-Mobile

Flügel

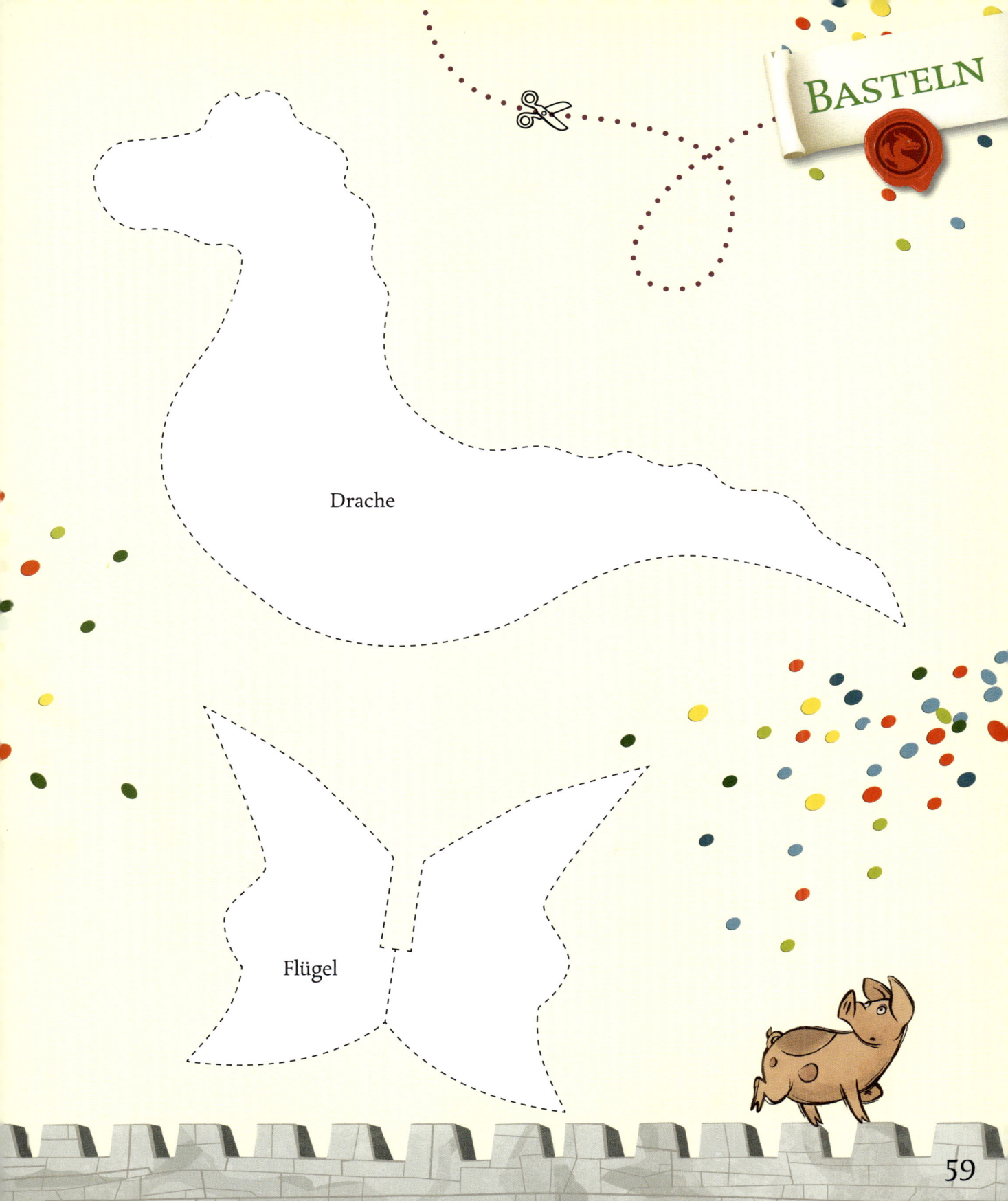

BASTELN

Drache

Flügel

Bastelvorlagen
Ferkelchen-Filzbrosche

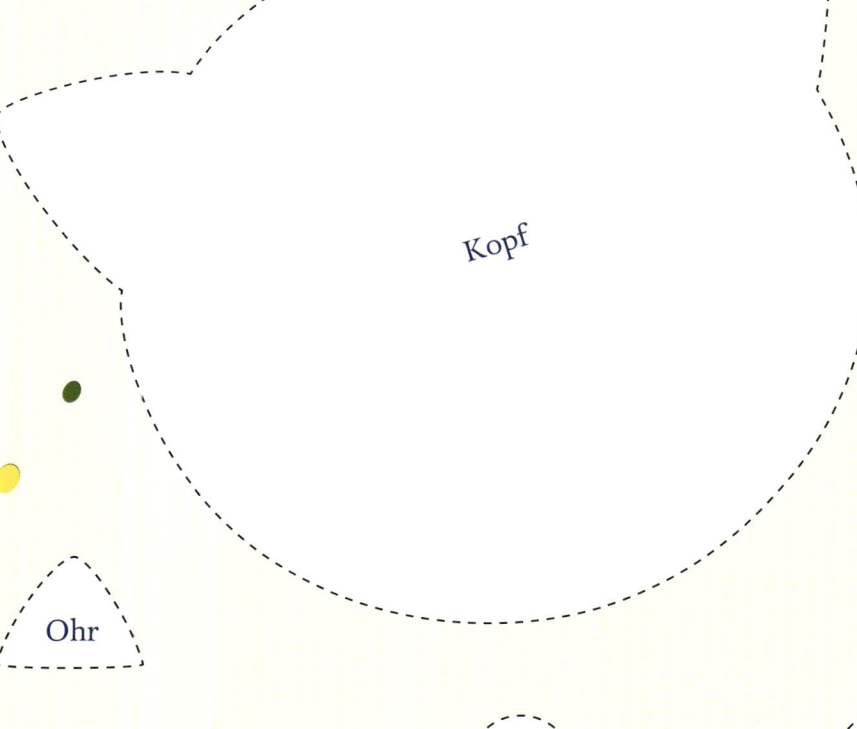

Kopf

Ohr

Auge

Nase

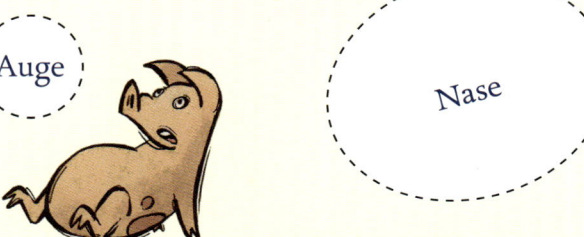

BASTELN

Auge

Ohr

Kopf

Nase

Die Welt erobern! Die schönsten Abenteuer vom kleinen Ritter Trenk

Kirsten Boie
Der kleine Ritter Trenk

ISBN 978-3-7891-3163-9

Kirsten Boie
Der kleine Ritter Trenk und der Große Gefährliche

ISBN 978-3-7891-3193-6

Kirsten Boie
Der kleine Ritter Trenk und fast das ganze Leben im Mittelalter
ISBN 978-3-7891-8530-4

Leibeigen geboren, leibeigen gestorben, leibeigen ein Leben lang – ja, so heißt es wohl! Der Bauernjunge Trenk will sich das jedoch nicht gefallen lassen und zieht aus, um sein Glück zu machen. Dafür muss er sogar gegen einen gefährlichen Drachen kämpfen …

„Wunderbare (Vor-) Lesebücher für die ganze Familie – pfiffig geschrieben und mit großartigen Bildern illustriert." (WDR)

Oetinger

Weitere Informationen unter: **www.oetinger.de**

Auf geht's zur Ritterparty!

Alles, was du brauchst, um mit deinen Freunden eine tolle Party zu feiern!

Ritter Trenk Papphelm
EAN 4260160893232

Ritter Trenk Tischkärtchen
EAN 4260160893157

Ritter Trenk Pappteller
EAN 4260160893119

Ritter Trenk Pappbecher
EAN 4260160893126

Ritter Trenk Einladungskarten
EAN 4260160893140

Ritter Trenk Servietten
EAN 4260160893133

Oetinger

Alles vom kleinen Ritter Trenk unter: **www.oetinger.de**

Potz Blitz und Pustekuchen!
Die schönsten Spiele für dein Ritterfest

Verkleide dich als Ritter und miss dich mit deinen Freunden im Turnier!

Ritter Trenk Schwert
EAN 4260160892556

Ritter Trenk Schild
EAN 4260160892563

Ritter Trenk Spiel
Erbsenschießen
EAN 4260160893225

Ritter Trenk Blockspiel Burgen bauen
EAN 4260160893195

Ritter Trenk Tattoos
EAN 4260160893171

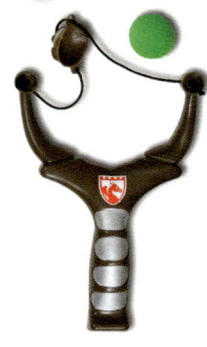

Ritter Trenk Zwille
EAN 4260160893201

Oetinger

Alles vom kleinen Ritter Trenk unter: **www.oetinger.de**